Silvia C. Hofmann

Pferde
natürlich halten

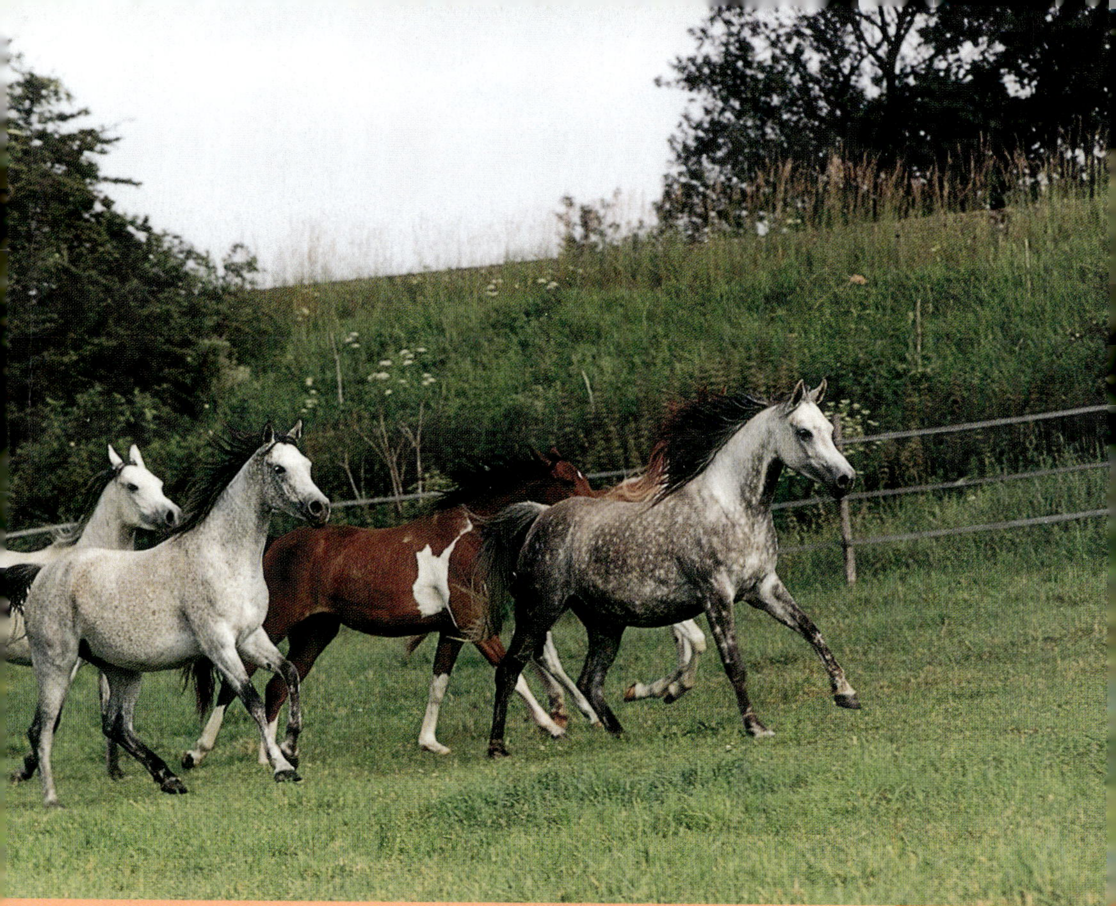

Silvia C. Hofmann

Pferde natürlich halten

blv

BLV FreizeitREITEN

Inhalt

● **Auf einen Blick**   **62**

Zum Thema

Rechts: Gepflegter Stall – gesundes Pferd.
Unten: Artgerechte Pferdehaltung.

Oben: Pferde brauchen viel Bewegungs-möglichkeit. Links: Offene Türen für frische Luft im Stall.

Praxis-Wissen

Natürliche Pferdehaltung – was ist das?

Natürliche oder artgerechte Pferdehaltung ist eine dem Lebewesen Pferd gerechte Haltung, welche die verschiedenen Bedürfnisse des Pferdes weitgehend befriedigt. Sie soll dem Pferd die Möglichkeit geben, sich seinen Anlagen entsprechend optimal zu entwickeln, und ist die Grundvoraussetzung für die physische und psychische Gesundheit des Pferdes. Was sind die Grundbedürfnisse eines Pferdes?

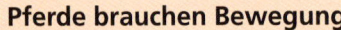

Pferde brauchen Bewegung

Pferde in freier Wildbahn bewegen sich fast den ganzen Tag über im Schritttempo vorwärts und grasen dabei. Das bedeutet, dass sie sich etwa 16 Stunden am Tag bewegen und dabei bis zu 30 Kilometer zurücklegen. Jeder Schritt fördert die Durchblutung und sorgt für ein entsprechendes Muskeltraining.

Das Pferd ist ein Fluchttier. Während des Lebens in der freien Wildbahn hat es hochsensible Fluchtmechanismen entwickelt, die es ihm im Allgemeinen ermöglichen, einer drohenden Gefahr durch rasantes Davonlaufen zu entgehen.

Das Pferd hat sich binnen Millionen von Jahren zu einem hoch spezialisierten Lauftier entwi-

ckelt. Nicht nur sein Bewegungsapparat ist darauf eingestellt, sondern auch sein Herz-Lungen-Kreislauf-System, das bei entsprechendem Training in der Lage ist, höchste Leistungen zu vollbringen.

Pferde brauchen Artgenossen

Wohl keiner wird bestreiten, dass das Pferd von Natur aus ein Herdentier ist. Hat es keinen Anschluss an Artgenossen, kommt es früher oder später zu tief gehenden Verhaltensstörungen. Nur in einer Gruppenhaltung kann der notwendige Körperkontakt gepflegt werden. Es kann zwar im Leben eines Pferdes hier und da Gründe dafür geben, dass es vorübergehend einzeln gehalten wird, doch sollte es dann unbedingt andere Pferde sehen, riechen und hören können. In freier Wildbahn leben unsere Vierbeiner in differenziert zusammengesetzten Familienverbänden und schließen Freundschaft untereinander.

In der Gruppe betreiben die Pferde soziale Fellpflege, indem sie sich gegenseitig das Winterfell herausschabbeln oder sich beknabbern. Gibt es im Sommer besonders viele Insekten, stehen die Pferde mit Kopf und Schweif eng zusammen und wedeln sich die Quälgeister gegenseitig fort. Bei schlechtem Wetter stehen die Herdenmitglieder dicht gedrängt nebeneinander, mit der Kruppe gegen die Windrichtung.

In der Gruppe rennen Pferde um die Wette.

9

Pferde wissen genau, was ihnen schmeckt.

Fressen – am liebsten ständig

Der Magen eines Pferdes ist sehr klein, sein Verdauungsapparat kann also immer nur kleine Futtermengen verarbeiten. Deshalb sind Pferde in freier Wildbahn ungefähr 18 Stunden am Tag mit Fressen beschäftigt. Pferde fressen sehr langsam. Mit ihrem ausgeprägten Tast- und Geruchssinn können sie sogar einzelne Pflanzen auswählen. Dafür braucht das Pferd seine Tasthaare, die niemals abgeschnitten werden dürfen, auch wenn dies bei manchen Zuchtverbänden üblich ist.

Die normale Körperhaltung des Pferdes beim Fressen ist nach vorwärts-abwärts gerichtet.

Pferde sind Frischluftfanatiker

Pferde sind Frischluftfanatiker. Der gesamte Atmungsapparat des Pferdes ist auf die Zufuhr von viel frischer Luft ausgerichtet und reagiert auf warme, ammoniakhaltige Stallluft äußerst empfindlich. Nach Möglichkeit sollte ein Pferd den ganzen Tag im Freien verbringen können.

Ebenso wichtig wie viel frische Luft ist Sonne beziehungsweise Tageslicht. Das Sonnenlicht steuert den Biorhythmus eines Pferdes, fördert die Bildung von Vitamin D und sorgt für einen gesunden Stoffwechsel.

Kaltes Wetter?
Kein Problem!

Pferde sind Klimawechsler

Ein Pferd ist, was das Klima anbelangt, nicht sehr empfindlich. Es kann sich an die unterschiedlichsten Temperaturbereiche und Temperaturschwankungen gen anpassen. Pferde, die in der freien Natur leben, sind ja auch den von der jeweiligen Tages- oder Jahreszeit abhängigen Temperaturschwankungen ausgesetzt, ebenso wie den regional sehr unterschiedlichen klimatischen Bedingungen. Für die Pferdehaltung ist also ein Kaltstall mit offenem Zugang ins Freie die Lösung, die den natürlichen Gegebenheiten am nächsten kommt.

Beachte:

Ein Pferd muss seine Grundbedürfnisse decken können, damit es gesund bleibt: Es braucht Bewegung, soziale Kontakte mit Artgenossen, reichlich frische Luft und Tageslicht sowie eine adäquate Ernährung.

Außenbox mit geschlossener Halbtür.

Haltungsarten

Am besten in der Gruppe

Eine natürliche Pferdehaltung sollte immer eine Gruppenhaltung sein. Sicherlich kann es im Leben eines Pferdes Situationen geben, in denen es vorübergehend einzeln untergebracht werden sollte, beispielsweise bei einer Erkrankung oder vor der Eingliederung in eine fremde Herde in einem neuen Stall. Eine gute Pferdehaltung erfüllt jedoch die bereits genannten Grundbedürfnisse eines Pferdes.

Größe der Boxen

Es gibt Mustermaße für den Mindestbedarf an Platz pro Pferd. Die LAG hält ihre Inspekteure dazu an, die von Prof. Schnitzer entwickelten Formeln anzuwenden. Die beispielhaften Berechnungen erfolgen für ein Großpferd von 170 cm Widerristhöhe: Für eine Innenbox ergeben sich nach der Formel $(2 \times \text{Widerristhöhe})^2$ etwa zwölf Quadratmeter Mindestgröße. In einer Haltung mit Auslauf, der natürlich ständig zugänglich sein sollte und bei dem sich Tränke und Futterplatz im Freien befinden, reicht eine Liegefläche von $2 \times \text{Widerristhöhe}^2$ aus, dies wären bei unserem Beispiel sechs Quadratmeter pro Pferd. Der Auslauf sollte dabei mindestens die dreifache Größe des Ruheraums haben, bei unserem Beispiel also mindestens 18 Quadratmeter.

Einzelhaltung – Innenbox

Hier kann sich das Pferd im Allgemeinen nur nach innen orientieren, je nach der vorhandenen Seitenabtrennung eventuell auch zum Nachbarn. Die Grundfläche der Box muss mindestens zwölf Quadratmeter betragen, möglichst noch mehr, die Zwischenwände sollten etwa 1,40 Meter hoch und nach Möglichkeit nach oben hin offen sein, damit die Pferde Kontakt zueinander aufnehmen können. In Ställen mit ständig wechselnden Pferden wird man die Zwischenwände etwas höher ziehen, um Streitigkeiten zwischen den Pferden vorzubeugen.

Unterschieden werden muss zwischen Boxenhaltung mit oder ohne Weidegang. Eine Boxenhaltung ohne Auslauf hat mit natürlicher Pferdehaltung nichts zu tun. Eine akzeptable Alternative wäre die Boxenhaltung mit Auslauf oder Weidehaltung. Dann sollten die Pferde zusammen mit ihren Artgenossen im Auslauf oder auf der Koppel stehen, damit sie ihre sozialen Kontakte pflegen können.

Einzelhaltung – Außenbox – Paddock

Außenboxen besitzen eine Doppeltür, die nach draußen führt. Empfehlenswert ist es, die Doppeltür offen zu lassen oder gleich völlig abzubauen. So hat das Pferd die Möglichkeit, am Alltagsgeschehen teilzunehmen.

So nicht!

Ein Auslauf wäre ideal

Idealerweise wird diese Außenbox wenigstens mit einem kleinen Auslauf, einem Paddock, versehen, der direkt an die Box anschließt. So kann die Doppeltür ganztags offen gehalten werden, und das Pferd kann sich nach eigenem Gutdünken im Stall oder im Auslauf aufhalten. Der Auslauf kann natürlich nicht groß genug sein, aber ein kleiner ist immer noch besser als gar keiner.

Unentbehrlich ist eine Rohrbegleitheizung für die Wasserleitungen und die Tränke, damit das Wasser im Winter nicht einfriert und die Pferde auch dann noch die Möglichkeit haben, ins Freie zu gehen.

Entfernt man von den Außenboxen mit Auslauf sämtliche Türen, so entstehen Offenboxen.

Einzelhaltung – Laufbox

Werden Ruheplatz, Futterstand und Tränke räumlich getrennt, entsteht eine Laufbox. Durch diese Trennung wird das Pferd gezwungen, sich möglichst viel zu bewegen. Am besten ist es, wenn sich Tränke und Futterplatz im Freien befinden, damit das Pferd seine Box zum Fressen verlassen muss. Bei dieser Haltung ist wichtig, dass der Auslauf wirklich wetterfest und die Futterplätze geschützt sind.

Je weiter Tränke und Futterplatz auseinander liegen, desto größer ist der Bewegungsanreiz für das Pferd; er kann durch das Aufstellen von Raumteilern noch erhöht werden. Dies ist besonders wichtig, damit sich das Pferd, auch bei Einzelhaltung, einigermaßen ausreichend bewegt.

Einzelhaltung – Kombi-Laufbox

Die kombinierte Laufbox entspricht im Wesentlichen der normalen Laufbox. Sie verfügt zusätzlich über eine schwenkbare Wand, mit der man die Box verschließen kann. Für eine natürliche Pferdehaltung ist dies nicht erwünscht, kann aber zum Beispiel wegen Diebstahlgefahr sinnvoll sein.

Einzelhaltung – Bewegungsbox

Mit Hilfe einer zeitlich gesteuerten Mechanik kann man dem Pferd nur zeitweise Zugang zu seinem Futter gewähren. Damit wird eine häufige Nahrungsaufnahme in kleinen Portionen unterstützt, was der Natur des Pferdes entgegenkommt. Ansonsten sieht die Bewegungsbox aus wie eine Kombi-Laufbox. Die Strecke zwischen Futterstandausgang und Futterstandeingang sollte mindestens 20 Meter betragen.

Gruppenhaltung

Die einzige wirklich natürliche Haltung von Pferden ist die Gruppenhaltung. Der Stall für eine Gruppenhaltung muss immer so groß sein, dass rangniedere Pferde den ranghöheren ausweichen können. Je nach

Kombi-Laufbox: Blick vom Ruheraum nach außen.

Größe der Pferdegruppe braucht man dafür einige Raumteiler und mehrere Türen, damit den Rangniederen der Ausgang nicht verwehrt werden kann. Für jedes einzelne Pferd ist eine individuelle Fütterung nötig. Wie bei der Einzelhaltung, so sollte auch hier ein möglichst großer und wetterfester Auslauf zur Verfügung stehen. Darüber hinaus gibt es verschiedene Futterzonen, Wasserstellen und Ruheplätze. Besonders artgerecht ist es, wenn die Pferde die Koppel über eine direkte Verbindung vom Stall oder vom Auslauf aus erreichen können.

Gruppentherapie

Man kann leicht feststellen, dass sich in der Gruppenhaltung viele frühere Probleme von selbst lösen: Verhaltensstörungen von Pferden, die während der Einzelhaltung aufgetreten sind, verschwinden mit der Zeit in der Gruppe wieder, sofern sie nicht zu gravierend sind. Das Pferd kann sich innerhalb einer Herde artgerecht abreagieren, da die Herde ein natürliches Sozialgefüge darstellt. In der Praxis ist eine Gruppenhaltung von Pferden sicherlich wesentlich schwieriger zu managen als eine Einzelhaltung in der Box, die an das Pflegepersonal keine großen Ansprüche stellt. Es gehört fachkundiges Personal dazu, die einzelnen Pferdegruppen richtig einzuteilen oder auch ein neues Pferd in eine Gruppe zu integrieren. Die Gruppenhaltung ist also nicht einfacher und pflegeleichter als die Einzelhaltung, sondern es ist eher umgekehrt.

Innenbucht: Fütterung von der Stallgasse aus.

Gruppenhaltung – Innenbucht

Eine Innenbucht ist eine große Innenbox, in der man, je nach Größe, kleinere Gruppen von Pferden zusammen halten kann. Die sozialen Bedürfnisse der Pferde werden dabei abgedeckt. Gefüttert werden die Pferde in der Innenbucht am besten durch ein Futtergitter, das an der Seite der Bucht angebracht ist und von der Stallgasse aus bequem beschickt werden kann. Wie bei der Innenbox bei Einzelhaltung gilt auch hier, dass die Pferde unbedingt jeden Tag ein paar Stunden Auslauf brauchen.

Gruppenhaltung – Offenstall

Wird an die Innenbucht ein Auslauf angebaut, der durch ein paar Türen, die natürlich offen bleiben müssen, mit dem Stall verbunden ist, entsteht ein Offenstall. Hier können die Pferde jederzeit nach draußen oder drinnen gehen, werden allerdings immer noch innen gefüttert und getränkt. Diese Art der Gruppenhaltung sorgt für ein normales Sozialverhalten, führt andererseits allerdings auch zu Schwierigkeiten, da der Ruheraum und die Fütterungsstellen nicht voneinander getrennt sind. Der Bewegungsanreiz für die Pferde ist relativ gering, da Futter, Tränke und Ruhemöglichkeit nicht weit genug voneinander entfernt liegen.

Gruppenhaltung – Laufstall

Dieser Laufstall ist ähnlich angelegt wie der Laufstall in der Einzelhaltung. Werden beim Offenstall Tränke und Futterplätze nach drau-

Laufstall: selbst gebauter Raufutterstand.

ßen verlegt, so haben wir einen Laufstall. Die Pferde pflegen nicht nur den sozialen Kontakt untereinander, sie werden auch dazu animiert, sich möglichst viel zu bewegen, da sich der Ruheplatz im Stall und die Fütterungs- und Tränkmöglichkeiten außerhalb des Stalles befinden. Ein Laufstall sollte mit einem, zumindest teilweise, wetterfesten Auslauf verbunden sein und idealerweise mit einer oder mehreren Koppeln, die zum Laufstall hin geöffnet werden können.

Viel Bewegungs-
möglichkeit
für eine Herde.

Gruppenhaltung – Bewegungsstall

Die Gruppenhaltung im Laufstall kann eigentlich nur noch von der Gruppenhaltung im Bewegungsstall übertroffen werden. Im Bewegungsstall werden
die Pferde durch eine mechanische oder elektronische Vorrichtung mehrmals
am Tag mit kleinen Portionen gefüttert. Die Kraftfuttergabe erfolgt am besten
mit einer Computerabruf-Fütterung. Die individuelle Fütterung erfolgt über
einen Computerabruf, der von einer Erkennungseinrichtung gesteuert wird.
So kann jedes Pferd den ganzen Tag über mit sehr kleinen Futterportionen
versorgt werden. Zum Raufutter wird, meist durch mechanische Vorrichtun-
gen, nur kurze Zeit Zugang gewährt. Da die Futtergaben sehr klein sind, müs-

sen sich die Pferde zigmal am Tag zu den unterschiedlichen Futterstationen begeben. Man kann die Pferde dabei buchstäblich auf einen Rundkurs schicken, in den man einige Schwierigkeiten, wie zum Beispiel Hindernisse, Wassergräben und Ähnliches, einbaut.

Gruppenhaltung – Weidehaltung

Diese Art der Pferdehaltung kommt den Lebensverhältnissen eines Pferdes in der freien Natur am nächsten und ist deshalb besonders artgerecht. Hat man genügend Fläche zur Verfügung, kann man die Pferde ganzjährig auf der Weide halten. Nötig ist hierbei ein natürlicher Schutz, wie beispielsweise ein Waldstück – einzelne Bäume wären nicht ausreichend – oder andere natürliche Schutzvorrichtungen. Als Tränke dient den Pferden ein Naturgewässer.

Gruppenhaltung – Weidehaltung mit Unterstand

Auch bei der Weidehaltung mit Unterstand werden die Pferde das ganze Jahr auf der Weide gehalten. Auf dem Weideland sollte ein fließendes Gewässer vorhanden sein, damit die Wasserversorgung der Tiere sichergestellt ist. Im Gegensatz zur Weidehaltung befindet sich hier zum Schutz der Pferde ein Unterstand auf dem Areal, der im Allgemeinen von drei Seiten geschlossen ist, um den Pferden ausreichend Schutz vor der Witterung zu bieten. Alternativ kann man die Pferde auch nur im Sommer auf diese Art halten und über den Winter zum Beispiel in einem Laufstall, bei dem sich Tränke und Futterplatz möglichst im Freien befinden sollten.

! **Beachte:**

- Gleichgültig ob ein Pferd einzeln oder in der Gruppe gehalten wird, es sollte immer genügend Auslaufmöglichkeiten haben.

- Eine Gruppenhaltung ist der Einzelhaltung aber immer vorzuziehen, damit die Pferde untereinander soziale Kontakte knüpfen können.

Fütterung

Die natürliche Haltung berücksichtigen

Der Verdauungsapparat eines Pferdes ist auf eine kontinuierliche und häufige Futterzufuhr angewiesen. In der freien Natur nehmen Pferde das Futter vom Boden aus auf, wobei sie mit den Beinen einen kleinen Ausfallschritt machen. Kopf und Hals sind dabei naturgemäß nach vorn-abwärts gerichtet. Bei einer Weidehaltung kann man sehr gut beobachten, wie sich die Pferde dabei langsam, Schritt für Schritt, weiterbewegen. Skelett, Muskulatur und Sehnen des Pferdes sind auf diese Art der Fortbewegung und Futteraufnahme eingestellt.

Pferde lieben frisches Wasser.

Bei der Anlage der Fütterungseinrichtungen muss unbedingt auf die natürliche Haltung des Pferdes, die es bei seiner Futteraufnahme in der freien Natur zeigt, Rücksicht genommen werden, denn nur so können körperliche Schäden beim Pferd vermieden werden.

Die Futterstände haben eine Schürze, damit die Pferde das Futter nicht hinauswerfen.

Eine Tränke ist wichtig

Pferde müssen jederzeit die Möglichkeit haben, ihren Wasserbedarf zu decken. Ist dies nicht gewährleistet, kommt es schnell zu einer verringerten Futteraufnahme, im schlimmsten Fall sogar zu einer Kolik. Tränkwasser für Pferde sollte auf jeden Fall Trinkwasserqualität haben, egal ob das Wasser aus der öffentlichen Wasserversorgung, einem hofeigenen Brunnen oder sogar aus einem Fließgewässer stammt. Auf der Weide kann ein Weidefass aufgestellt werden. Allerdings sollte das Fass im Schatten stehen, damit sich das Wasser nicht zu stark erwärmt. Denn Pferde bevorzugen frisches und sauberes Wasser, so genanntes »Forellenwasser«. Haben Pferde freien Zugang zum Wasser, trinken sie, je nach Außentemperatur und Futter, bis zu ungefähr zehnmal am Tag.

! Beachte:

- Raufutter, zumindest Stroh, sollte den Pferden den ganzen Tag über zur Verfügung stehen.
- Kraftfutter und Heu sollten in möglichst vielen kleinen Portionen über den Tag verteilt verabreicht werden.
- Pferde brauchen ausreichend Wasser. Es muss Trinkwasserqualität haben und sollte immer frisch und sauber sein.

Einstreu

Über die Art der Einstreu gibt es viele auseinander gehende Meinungen. Ja sogar die Frage, ob eine Einstreu überhaupt nötig ist, wird kontrovers diskutiert. Manchmal werden Ruheräume überhaupt nicht eingestreut, mit der Begründung, dass sich Pferde lieber draußen auf der Wiese oder im Auslauf hinlegen würden. Dies ist nur auf den ersten Blick einleuchtend, denn Pferde dösen zwar im Stehen, müssen sich aber zum entspannten, tiefen Schlafen auf den Boden legen. Außerdem zeigt das Verhalten der Pferde eindeutig, dass sie einen eingestreuten Stall vorziehen: Wird nämlich in einem bisher nicht eingestreuten Stall eingestreut, legen sich die Pferde hier auch gerne zum Schlafen nieder.

Für einen Offenstall, einen Laufstall oder eine separate Liegehalle muss die Einstreu elastisch, saugfähig, trocken und sauber sein. Es gibt mehrere Möglichkeiten der Einstreu, die unterschiedliche Vor- und Nachteile haben.

Pferde lieben Stroh

Pferde finden eine Einstreu aus Stroh äußerst angenehm, zumindest solange das Stroh frisch ist. Doch hat Stroh den Nachteil, dass es schlecht Flüssigkeit aufsaugt und entsprechend schnell nass wird. Die Einstreu muss deshalb ständig erneuert werden. Wegen des benötigten Volumens kann es Probleme mit der Besorgung und der Lagerung des Strohs und der anschließenden Entsorgung der großen Mengen Mist geben.

Sägemehl oder Hobelspäne?

Sägemehl erfüllt die Ansprüche an eine gute Einstreu erstaunlich gut. Es ist elastisch, saugfähig und geruchsbindend. Für Allergiker eignen sich Hobelspäne besser. Sie sind zwar weniger saugfähig, dafür aber staubärmer. Im Handel sind gereinigte Hobelspäne erhältlich, die für Stauballergiker besonders zu empfehlen sind. Bei Sägemehl und Hobelspänen kann es unter Umständen Schwierigkeiten bei der Entsorgung geben. Sägemehl braucht lange Zeit, um zu verrotten. Es sollte gekonnt als Kompost angesetzt werden, damit sich guter Humus bildet, der dann auf die Weiden ausgebracht werden kann. Die meisten Landwirte nehmen frischen Sägemehl- oder Hobelspänemist nicht ab, da sie ihn nicht direkt ausbringen sollten. Denn dieser Mist verrottet langsam und versauert darüber hinaus auch den Boden, wenn er nicht sorgfältig mit Kalk vermischt und lange genug gelagert wird.

Stall mit Sägemehleinstreu.

Holz – hart und glitschig

Immer häufiger werden reine Holzbohlen als Untergrund für Ställe empfohlen. Holz ist hart, folglich wird sich kaum ein Pferd freiwillig zum Schlafen darauf niederlegen. Aus diesem Grunde sind Holzbohlen niemals für einen Ruheraum zu empfehlen. Wird ein Holzboden für eine Schutzhütte verwendet, urinieren die Pferde zumindest teilweise darauf. Der Boden wird dadurch sehr glitschig und beginnt zu stinken.

Liegehalle mit
Stroheinstreu.

Vorsicht, Unfallgefahr!

Legen sich die Pferde bei länger andauerndem schlechtem Wetter doch auf dem Holzboden nieder, weil sie keine andere Möglichkeit haben, können sie sich dabei sogar verletzen. Erstens liegen die Gelenke der Pferde auf dem harten Boden auf, zweitens kann es zu Unfällen kommen. Bei schlechtem Wetter wird der Boden beispielsweise durch das Hinein- und Herauslaufen der Pferde nass und glitschig. Muss ein Pferd einem anderen ausweichen, kann es dabei auf dem feuchten Boden leicht ausrutschen und sich verletzen.

Sand – höchstens für Schutzhütten

Sand wird oftmals als Einstreu in Schutzhütten verwendet. Er ist elastisch, bindet aber keinen Geruch. Sand wärmt nicht und sollte folglich höchstens als Einstreu für Schutzhütten, die im Sommer genutzt werden, verwendet werden. Ein großes Problem stellt die Entsorgung dar, denn verschmutzter Sand kann nicht kompostiert werden.

Gummimatten – ein Reinigungsproblem

Fachmännisch verlegte Gummimatten sind weicher als Holzböden, müssen allerdings ein gewisses Gefälle aufweisen, damit der Urin abfließen kann. Bringt man auf den Gummimatten eine dünne Schicht Sägemehl aus, legen sich die Pferde bereitwilliger darauf nieder. Die Säuberung der Gummimatten gestaltet sich allerdings nicht gerade einfach. Sicherlich sind sie dennoch eine gute Alternative für Stauballergiker.

Umweltschutz – auch im Stall

Über die vorgestellten Möglichkeiten hinaus gibt es auch einige alternative Einstreuarten: Dazu zählt beispielsweise eine Einstreu aus Hanf oder eine Mischung aus nachwachsenden, organischen Rohstoffen. Dann gibt es noch eine Einstreu aus Leinenstroh, das aus Flachs hergestellt wird. Diese Einstreu besteht aus Stroh und Cellulose und ist weitgehend entstaubt, was besonders bei allergischen Tieren ideal ist. Der Stallgeruch wird wesentlich verbessert, weil diese Einstreu die Ammoniakdämpfe am Aufsteigen hindert. Gegenüber anderen Einstreuarten hat sie ein fünffach stärkeres Saugvermögen und ist selbst im feuchten Zustand rutschfest. Das Mistvolumen reduziert sich um bis zu 70 Prozent. Die Verrottung erfolgt innerhalb von etwa zehn Wochen. Dann kann der Mist als wertvoller Dünger verwendet werden, weshalb er vor allem von Biogärtnern gerne abgenommen wird.

! Beachte:

Einstreu sollte elastisch, saugfähig, trocken und sauber sein und problemlos entsorgt werden können.
Die klassischen Einstreuarten erfüllen diese Voraussetzungen nur bedingt. Erwägen Sie deshalb bei der Wahl der Einstreu unter Umständen auch alternative Materialien.

Ungiftige Zweige
zum Beknabbern.

Auslauf – Paddock

Unter einem Paddock versteht man einen kleinen Auslauf in der Einzelhaltung, während man eine größere Fläche, die meist von mehreren Pferden genutzt wird, Auslauf nennt. Der ideale Auslauf ist eine Weide mit natürlichem Grasbewuchs, denn ihr Boden gibt einerseits Halt, federt andererseits aber die Schritte ab, schont also die Gelenke der Tiere. Ein solcher Auslauf ist meist nur dort möglich, wo gleichzeitig Rinder gehalten werden, die sich ganzjährig im Freien aufhalten oder auf entsprechend großen Weiden. Denn nur in diesen Fällen werden sich die Schäden an der Grasnarbe in Grenzen halten und durch die Beweidung mit Rindern wieder ausgleichen. Ist die Weide zu klein, wird die Grasnarbe, vor allen Dingen bei nasser Witterung, rasch zertreten und kann sich so schnell nicht wieder regenerieren. Niederschläge und Pferdehufe verwandeln die Grasnarbe in kürzester Zeit in tiefen Morast. Deshalb muss man, je nach örtlicher Gegebenheit, einen Untergrund schaffen, der zwar trittfest, aber doch so elastisch ist, dass Sehnen und Gelenke der Tiere geschont werden. Der technische Aufwand für die Anlage und die Pflege eines Auslaufs ist nicht gerade gering. Je nach den gegebenen Bodenverhältnissen kann es notwendig sein, einen Auslauf vom Fachmann anlegen zu lassen.

Größe des Auslaufs

Eigentlich kann ein Auslauf nie groß genug sein kann. Wie großzügig man einen wetterfesten Auslauf aber tatsächlich anlegt, hängt von vielen Faktoren ab. Die örtlichen Gegebenheiten spielen dabei ebenso eine Rolle wie die Anzahl der Weiden, die Zahl der gehaltenen Pferde und deren Temperament. Ein rechteckiges Maß ist, wie auch bei Weiden, einem quadratischen Maß vorzuziehen, damit die Pferde auf der langen Seite frei galoppieren können. Bei Außenboxen mit Paddock sind die Ausläufe selten größer als 40 Quadratmeter. Zwar reicht diese Fläche zum Galoppieren nicht aus, aber die Pferde haben doch die Möglichkeit, sich im Freien zu bewegen. Bei kleinen Pferdegruppen von zum Beispiel vier bis sechs Pferden setzt man eine Fläche von 800 bis 1000 Quadratmetern voraus. Der Auslauf muss auf jeden Fall groß genug sein, um den Pferden, auch über das Winterhalbjahr, genügend Bewegungsmöglichkeit zu bieten. Im Sommer stehen im Allgemeinen Koppeln zur Verfügung, sei es auch nur stundenweise, die für weitere Auslaufmöglichkeit sorgen.

Holzhäcksel eignen sich zur Auslaufbefestigung.

Befestigung

Bei sinnvoller Gestaltung birgt die Anlage eines Auslaufs einige Probleme. Die größte Schwierigkeit liegt meist in der Befestigung des Untergrundes. Ist der Auslauf groß genug, sollte man unterschiedlichen Untergrund anbieten, wovon ein Teil immer wetterfest gestaltet werden sollte. Dies ist vor allen Dingen an den Futterständen und an den Eingängen zum Ruheraum wichtig. Dort sollte man für einen griffigen Hartboden sorgen, der sich auch leicht entmisten lässt. Idealerweise sollte an diesen harten Boden weicher Boden anschließen, der die Pferde dazu animiert, miteinander zu toben. Meist wird hierbei der Untergrund drainiert werden müssen.

Ein Auslauf
kann nicht groß
genug sein!

Die sauberste Lösung ist das Einbringen einer ordnungsgemäßen Trenn- und Tretschicht. Es gibt allerdings auch eine ganze Menge akzeptabler Kompromisse, die von den örtlichen Gegebenheiten abhängen. Findet man beispielsweise einen wasserdurchlässigen Grund vor, kann es ausreichen, nur mit Sand aufzufüllen. Bei lehmigem Untergrund dagegen kann man sich recht gut mit grobem Holzhäcksel behelfen, der allerdings regelmäßig erneuert werden muss.

Eine weitere Alternative sind Rasengittersteine, die mit Mineralbeton verfüllt werden. Die einzelnen Kammern sollten möglichst groß sein, damit eine ausreichend große betonfreie Fläche entsteht, die geringe Rutschgefahr und Bodenhärte garantiert.

Eine bislang ziemlich kostspielige Lösung waren industriell gefertigte Kunststoffplatten. Sie werden zwischenzeitlich immer häufiger eingesetzt und sind dadurch wesentlich preisgünstiger geworden.

Gestaltung

Pferde brauchen genügend Platz für Bewegung, sie müssen auch einmal miteinander um die Wette rennen können. Über das Platzangebot hinaus gibt es viele Möglichkeiten, den Pferden Bewegungsreize zu geben. Entsprechend platzierte Hindernisse können ebenso für Abwechslung sorgen wie Kratzbäume, Gummireifen oder Bälle. Auch ein Stichzaun kann den Anreiz zur Bewegung

vergrößern und auf der anderen Seite dafür sorgen, dass sich rangniedere Pferde gefahrlos zurückziehen können. In erster Linie muss der Auslauf sicher gestaltet sein, er darf weder spitze Winkel noch Ecken aufweisen, in denen sich ein Pferd festlaufen kann. Die Größe des Auslaufs muss in einem angemessenen Verhältnis zur Anzahl der gehaltenen Pferde stehen, das heißt, er muss so groß sein, dass die Pferde einander jederzeit ohne Schwierigkeiten ausweichen können. Auch bei der Gestaltung sollte dies berücksichtigt werden.

Es sollte selbstverständlich sein, dass sich genügend Schattenplätze im Auslauf befinden. Am schönsten ist es natürlich, wenn man Bäume mit in den Auslauf integrieren kann. Diese sollten vor Verbiss geschützt werden und eine ausreichend große Baumscheibe vor dem Vertritt der Pferde verschont bleiben. Wegen des Bewegungsanreizes werden Futterstände, Tränken und Wälzplätze so weit wie möglich voneinander entfernt platziert.

Umzäunung

Will man Pferde auf einer vorgegebenen Fläche halten, ist ein Zaun notwendig. Der Zaun muss gut sichtbar sein, denn das Sehvermögen und das ausgeprägte Fluchtverhalten des Pferdes machen es notwendig, dass der Zaun rechtzeitig als Grenze wahrgenommen werden kann. Ein Auslauf, in dem Pferde konstant untergebracht sind, zum Beispiel auch über das Winterhalbjahr, muss besonders sicher eingezäunt sein, denn hier hat jedes einzelne Pferd viel weniger Platz als auf einer großen Koppel.

Die Sicherheit spielt bei der Wahl eines Zaunes eine große Rolle. Das heißt, die Umzäunung sollte in jedem Fall ausbruchsicher und so beschaffen sein, dass sich ein Pferd bei einem eventuellen Ausbruchversuch nicht daran verletzen kann. Stacheldraht, Gitterzäune oder Drahtlitzen sind also absolut indiskutabel für den Einsatz bei einem Pferdezaun.

Der Holzzaun.

Die traditionelle Lösung: der Holzzaun

Traditionelle Pferdezäune waren und sind Holzstangenzäune mit zwar guter Hütesicherheit, aber hohem Kosten- und Wartungsaufwand. Der Holzzaun ist in seiner Haltbarkeit begrenzt. Im Laufe der Zeit verrotten die Pfähle im ständig feuchten Erdreich. Pferde drücken gerne gegen den Holzzaun, um sich zu kratzen, und benagen ihn, wenn in dem Auslauf zu wenig Bäume und Äste vorhanden sind. Damit der Zaun haltbarer ist, werden die Pfähle meistens kesseldruckimprägniert. Diese Pfähle halten in etwa doppelt so lange wie nicht imprägnierte. Nicht imprägnierte Fichten- oder Kiefernpfähle haben eine Lebensdauer von etwa fünf Jahren. Hartes Eichenholz dagegen hält auch ohne Imprägnierung etwa zehn Jahre.

Lange haltbar: Kunststoffzäune

Sieht man einmal von seinem hohen Preis ab, hat ein Kunststoffzaun fast nur Vorteile: Er ist witterungsbeständig, praktisch unverrottbar und gut sichtbar. Er birgt keine Verletzungsgefahr, weil er nicht splittert, und es entsteht kein Verbiss durch die Pferde. Wegen der langen Haltbarkeit geben manche Hersteller eine Garantie von 20 Jahren auf ihre Kunststoffzäune. Glattes, wasserfestes PVC garantiert den Tieren Sicherheit und mindert die Verletzungsgefahr.

Stahlpaneele

Stahlpaneele bestehen aus galvanisierten oder feuerverzinkten ovalen Stahl-
rohren mit Standardabmessungen. Die einzelnen Paneelteile werden aneinan-
der gesetzt und mit Ketten fixiert. Stahlpaneele werden häufig bei Turnieren
zur Einzäunung von Freiboxen, Longierzirkeln oder Paddocks verwendet. Die
einzelnen Zaunelemente gibt es mit oder ohne eingebaute Tür. Ihre Aufstel-
lung erfolgt schnell und unkompliziert ohne Verankerung
im Boden, und sie werden mit praktischen Kettenver-
schlüssen verbunden.

Elektrozaun

Elektrozaunsysteme sind weit verbreitet. Sie sind relativ
günstig in der Anschaffung, lange haltbar und lassen sich
leicht aufstellen. Da Pferde auf Stromschläge sehr sensi-
bel reagieren, ist das Hauptproblem bei einem Elektrozaun die gute Sichtbarkeit des Zaunes für das Pferd. Da
das Pferd divergierend sieht, erkennt es einen dünnen
Zaundraht erst spät, vor allem wenn es sich dem Zaun

Traditioneller
Kunststoffzaun.

sehr schnell nähert. Breitbänder, Kunststoffseile oder kunststoffummantelte
Drähte haben sich deshalb bei der Pferdehaltung besonders bewährt; Breitbänder von mindestens vier Zentimetern sind besonders gut sichtbar. Sie
sollten an beiden Seiten eine Randverstärkung haben, damit sie eine ausreichende mechanische Festigkeit aufweisen. Ein gutes Breitband verfügt über
mindestens 15 einzelne Leiter. Ein Problem der Bänder liegt in ihrer Wind-
undurchlässigkeit. Bei starkem Wind sind die Bänder einem immensen Zug
ausgesetzt, sie dehnen sich und hängen anschließend leicht durch. Sie müssen
deshalb regelmäßig kontrolliert und nachgespannt werden.

Gruppenhaltung mit Futterplatz im Freien.

Zauntore

Zu einem sicheren Zaun gehören auch Zauntore. Sie müssen für die Pferde ungefährlich und vor dem Zutritt Unbefugter möglichst gesichert sein. Bei einem Elektrozaun kann ein Torgriff ausreichen, der mit einer kurzen Spannfeder verbunden ist, sicherer ist natürlich ein festes Zauntor. Feste Zauntore können außerdem noch durch Schlösser gesichert werden.

Die Tore sollten leicht zu bedienen und so breit sein, dass auch Traktoren problemlos hindurchfahren können. Bei Gruppenhaltung sollte dafür gesorgt werden, dass das Pferd von seinem Besitzer oder Reiter gefahrlos aus dem Auslauf geholt werden kann. Im Zweifelsfall muss eine »Schleuse« angelegt werden. Bei einer Schleuse werden zwei Tore in einem ausreichenden Abstand hintereinander angebracht, so dass man beim Verlassen des Auslaufes zuerst das eine Tor schließen kann, damit kein anderes frei laufendes Pferd nachkommt, bevor man das zweite Tor öffnet, durch das man dann den Auslauf mit dem Pferd verlässt.

!

Beachte:

- Ein Auslauf sollte so groß wie möglich und wetterfest angelegt sein.
- Seine Gestaltung sollte sicher, aber abwechslungsreich sein. Ein Hindernisparcours beispielsweise regt die Pferde zu mehr Bewegung an.
- Unerlässlich ist eine stabile Umzäunung.

Weide

In allererster Linie muss die Weidefläche für die Pferdehaltung natürlich ausreichend groß sei. Bei einer reinen Weidehaltung ist in unseren Breiten eine ordentliche Schutzhütte nötig, damit die Pferde vor starkem Schlagregen geschützt sind. Vom Unterstand aus sollten mehrere Weiden nacheinander zugänglich sein. Eine andere Möglichkeit besteht darin, von einer großen Weide immer wieder ein kleineres Stück Portionsweide abzuteilen. Dies ist nicht nur vom verfügbaren Platz (also der gesamten Weidefläche), sondern auch von der Pferderasse und dem damit verbundenen Futterbedarf abhängig.

Umtriebsweide.

Für das leibliche Wohl muss gesorgt sein

Auf der Weide müssen die Futterpflanzen wachsen, die für Pferde geeignet sind. Ebenso wichtig ist eine Tränkmöglichkeit für die Pferde. Das können Bottiche oder ein Wasserfass mit angebautem Tränkebecken sein, aber auch ein natürliches, frei zugängliches Gewässer, beispielsweise ein Bach, der über die Weide fließt. Werden die Pferde an einem fließenden Gewässer getränkt, gilt es zu beachten, dass die Tiere das Ufer sehr schnell in Morast verwandeln würden. Deshalb muss die Tränkestelle für die Pferde abgezäunt und befestigt werden.

Tägliche Kontrolle

Auch bei einer Weidehaltung der Pferde muss der Pferdemist in regelmäßigen Abständen abgesammelt werden, denn die Pferde haben auf unseren Weiden ja nicht die Möglichkeit weiterzuziehen, und die dadurch entstehende Verwurmungsgefahr ist sehr groß. Ob das Absammeln von Pferdeäpfeln von Hand oder mit den zwischenzeitlich erhältlichen Maschinen ausgeführt wird, ist sicher von der Anzahl der Pferde und der Koppelgröße abhängig.

Auch wenn die Pferde den ganzen Tag und die ganze Nacht auf der Weide gehalten werden, muss man wenigstens einmal täglich nach den Tieren sehen. Dabei wird nach Bedarf Kraftfutter zugefüttert, die Tränkemöglichkeit wird überprüft, und die Pferde werden nach möglichen Verletzungen abgesucht.

Weidepflege

Grünland bildet ein kompliziertes Ökosystem, das von vielen Faktoren wie den örtlichen Bodenverhältnissen, dem vorherrschenden Klima und der Nutzung abhängig ist. Auch die Art der Weidetiere ist dabei von großer Bedeutung. Wird eine Fläche ausschließlich von Pferden beweidet, wird es früher oder später immer Probleme geben. Pferde verdichten den Boden stark und beschädigen mit ihrem Tritt mehr oder weniger die Grasnarbe. Bei extremen Witterungsverhältnissen kann der dadurch entstehende Flurschaden enorm sein. Auch dies ist ein

Umtriebsweide.

Portionsweide.

Grund, weshalb ein befestigter Auslauf nie groß genug sein kann. Damit die Weideflächen geschont werden, empfiehlt es sich, die Pferde zeitweise von der Koppel in den Auslauf zu bringen. Nach jedem Weideumtrieb wird das Grünland nachgemäht. Dabei werden die durch die Kotplätze entstehenden Geilstellen und Pflanzen, die nicht gefressen wurden, abgemäht. Der Schnitt kann lose und dünn auf dem Boden verteilt werden und wächst schnell ein. Jedes Jahr sollten kahle Stellen auf Kot- und Urinplätzen ebenso wie ausgetretene Pfade nachgesät werden. Je nach Pflanzenzusammensetzung der Weide kann es sinnvoll sein, alle paar Jahre auf der gesamten Koppel nachzusäen.

Die ideale Weide verfügt über einen verhältnismäßig trockenen Boden, ist sonnenbeschienen und etwas windig. Auch wenn ein Unterstand vorhanden ist, schätzen Pferde ein paar große Bäume als Schutz vor Sonne und Wind. Hat man die Gelegenheit, Humus auszubringen, so ist die beste Zeit hierfür Anfang Oktober, nach Abschluss der Weideperiode. Die Zeit reicht dann immer noch aus, um den Humus bis zum Frühjahr gänzlich einwachsen zu lassen.

Beachte:

- Die natürlichste Haltung für Pferde ist die Weidehaltung.
- Auch Weiden müssen regelmäßig instand gehalten und gepflegt werden.
- Eine sichere Einzäunung ist sehr wichtig.

35

Handarbeit oder Maschine?

Je nach Größe des Stalles lässt sich der Auslauf noch mit Schaufel oder Stallboy und Schubkarre entmisten, ansonsten hat sich ein Hof-Trak bewährt. Mit seiner Schaufel kann man die befestigten Flächen leicht und schnell abziehen und den Mist auf den Kompostplatz bringen. Durch entsprechende Zusatzgeräte können mit dem Hof-Trak vielerlei Arbeiten erledigt werden, wie zum Beispiel das Planieren des Reitplatzes, das Entmisten des Stalles und vieles mehr.

Ist die Zahl der gehaltenen Pferde größer, kann man die Koppeln auch maschinell von Pferdemist befreien. Dafür gibt es beispielsweise einen Kleintraktor mit einem entsprechenden Ansauggerät, das an

> # ❗ Beachte:
>
> Ob Sie Ställe und Weiden in Handarbeit oder mit der Maschine pflegen und reinigen, hängt nicht zuletzt von deren Größe und der Anzahl der Pferde ab.

einen Staubsauger erinnert. Mit diesem Ansauggerät können die Pferdeäpfel mühelos eingesammelt werden. Man kann diese Arbeit aber auch mit einem »Grasshopper« erledigen. Grasshopper sind mit einem Auffangbehälter für Boden- oder Hochentleerung bis maximal 2,20 Meter Entladehöhe erhältlich und zeichnen sich durch besonders große Aufnahmekapazitäten bis maximal 3,5 Kubikmeter Inhalt aus.

Details zur Gruppenhaltung

Gruppenzusammenstellung

Prinzipiell sind Pferde aller Rassen dazu geeignet, in der Gruppe und im Freien gehalten zu werden.

Beobachtet man unterschiedliche Rassen innerhalb einer Gruppe, fällt manchmal auf, dass sich die »Nordpferde« anders verhalten als die »Südpferde«. Dies kann entwicklungsgeschichtliche Ursachen haben: So kann es vorkommen, dass Nordpferde, wie Norweger und Haflinger, bei nasskaltem Wetter noch im Freien stehen, während sich Südpferde, wie Araber, schon längst unter ein Dach verzogen haben. Das ist unbedeutend, solange dafür gesorgt ist, dass jedes Pferd zu jeder Zeit den Schutzraum aufsuchen kann. Außerdem sollte die Gruppe groß genug sein und die Rassenmischung so bunt wie möglich. Sonst kann es vorkommen, dass ein rangniederes Südpferd im Regen stehen bleibt, weil die restliche Herde dies auch tut, obwohl es schon längst lieber im Trockenen stehen würde.

Welche Gruppengröße ist ideal?

Über die geeignete Gruppengröße sind sich selbst die Wissenschaftler nicht einig. Es wurde beobachtet, dass Nordpferde eher in großen Gruppen leben, Südpferde dagegen in kleineren. Andererseits heißt es, dass Pferde eher in kleinen Familiengruppen leben. Neue Untersuchungen haben gezeigt, dass sich kleine Familiengruppen zu größeren Herden zusammenschließen, ohne jedoch ihren Familienherdenzusammenhalt zu verlieren. Hat man die Möglichkeit, Familiengruppen oder Pferde, die seit langer Zeit zusammenstehen, als Familiengruppe zu halten, so würde ich dies immer vorziehen.

Einzelpferde in einem Pensionsstallbetrieb würde ich immer in eine große Gruppe eingliedern, wo für das Pferd eher die Möglichkeit besteht, irgendeinen Freund zu finden. Auch Aggressionen werden innerhalb einer Gruppe von mehreren Pferden leichter abreagiert, ohne dass ein bestimmtes Pferd darunter leiden muss.

Eingewöhnung

Im Frühjahr kann man ein Pferd am leichtesten von einer Boxenhaltung auf eine artgerechte Haltung im Freien umstellen. Im Laufe des Jahres hat das Pferd ausreichend Gelegenheit, sich auf die wechselnde Temperatur von Tag und Nacht einzustellen, so dass es im Herbst ein ausreichendes Winterfell schieben wird, um auch den Wechsel vom Sommer zum Winter gut zu vollziehen. Wurde das Pferd in einer Box gehalten, hatte aber jeden Tag viele Stunden Auslauf auf einer Koppel, dann kann man den Zeitpunkt des Stallwechsels auch in den Herbst hinein verlegen.

Soll ein Pferd von der Einzelhaltung in eine Gruppenhaltung wechseln oder in eine neue Gruppe integriert werden, muss es sorgfältig darauf vorbereitet werden. Denn je nach Zusammenstellung der Gruppe kann es bei der Integra-

tion zu heftigen Kämpfen und damit zu bösen Verletzungen kommen. In der freien Natur leben die Pferde im Familienverband und werden niemals abrupt mit fremden Herdenmitgliedern konfrontiert.

Wollen Sie ein Pferd in einen Laufstall integrieren, sollte für das Tier am Anfang ein eigener kleiner Stall vorhanden sein. Dieser Eingewöhnungsstall sollte direkt neben dem Laufstall liegen, damit die Pferde die Möglichkeit haben, sich über den Zaun hinweg zu beschnuppern. Dabei muss das neue Pferd ausreichend Platz haben, damit es ausweichen kann, wenn es dies wünscht. Auch muss der Zaun in diesem Falle besonders stabil gebaut sein, ein Festzaun wäre ideal. Bei einem Elektrozaun kann es geschehen, dass sich die Pferde in den Bändern verhängen, falls sie mit den Vorderbeinen schlagen. Beobachten Sie, wie schnell die Eingewöhnung vor sich geht. Sie kann nur ein paar Tage, aber auch zwei bis drei Wochen dauern. Wenn Sie feststellen, dass sich der Neuankömmling besonders gut mit einem alteingesessenen Pferd versteht, können Sie damit beginnen, die beiden Pferde zusammen unterzubringen, bevor Sie das neue Pferd in die restliche Gruppe integrieren. Dann stellen Sie das nächste Pferd dazu und so weiter. Am einfachsten gestaltet sich der Eingewöhnungsprozess auf einer großen Koppel, wo die Pferde ausreichend Platz haben und sich gegenseitig ausweichen können. Aber auch hier würde man niemals ein neues Pferd in eine ihm unbekannte Gruppe lassen. Es würde physisch und nicht zuletzt auch psychisch Schaden nehmen.

! Beachte:

- Prinzipiell eignen sich Pferde aller Rassen dazu, im Freien gehalten zu werden.
- Die Gruppenhaltung ist für ein Pferd die natürlichste Art der Haltung.
- Die Eingewöhnung eines Pferdes in eine fremde Gruppe muss langsam und behutsam erfolgen.

39

Private Pferdehaltung am Haus – ein Erfahrungsbericht

Wir wohnen in einem kleinen Einfamilienhaus, das auf einem 5000 Quadratmeter großen, eingezäunten Grundstück steht. Mit seinem Obstgarten, dem kleinen Wäldchen und einer alten Scheune war das Gelände ideal für die Pferdehaltung. Allerdings mussten wir dafür noch einige Änderungen vornehmen.

Umbau der Scheune

Nachdem wir die Scheune gründlich entrümpelt hatten, stellten wir fest, dass einige tragende Balken morsch waren. Wir zogen einen Zimmermann hinzu, der besser als wir beurteilen konnte, welche Balken ausgewechselt werden mussten. Zum Auswechseln der Balken musste er einen Teil der Außenverkleidung entfernen. Dabei setzte er auch gleich die entsprechenden Stützbalken und Verstrebungen für die vorgesehenen Boxentüren.

Wir entfernten die Betonfundamente eines Kompostplatzes ebenso wie den Betonboden in der Scheune. Nachdem wir den alten Beton mühsam herausgebrochen hatten, begannen wir mit dem Aushub für die Bodenplatte. Dann wurde verschalt, und die ersten sieben Kubikmeter Leerkies 16/32 wurden eingebracht, danach sieben Kubikmeter K2-Beton. Bei einer Grundfläche von 42 Qua-

Bevor die Balken ausgewechselt wurden ...

dratmetern hatten die Füllungen jeweils eine Höhe von etwa 17 Zentimetern. Die Armierung erfolgte durch Baustahlmatten. Bei der Fertigung der Bodenplatte wurden auch gleich die Befestigungsschuhe für die vier neu zu setzenden Balken, die der Stabilität der Boxenwände und Boxentüren dienen sollten, mit eingegossen. Die gegossene Bodenplatte benötigte einige Tage Trocknungszeit, bevor der weitere Ausbau in Angriff genommen werden konnte. Als nächstes wurden vier fertige Kunststoff-Kippfenster (60 × 80 cm groß) eingebaut. Dafür mussten neue Balken als Fensterstöcke eingepasst werden. Danach wurde die Außenverschalung angebracht, die wegen der Zimmermannsarbeit entfernt worden war.

Der Stall im neuen Gewand.

Innenausbau der Scheune

Endlich konnten wir mit dem eigentlichen Innenausbau der Scheune beginnen. Als Erstes verlegten wir die Elektrokabel, die in diesem Falle für Nassräume geeignet sein mussten. Danach ging es an die Innenverschalung. Die Innenwände wurden mit entrindeten Schälbrettern verkleidet. Die Boxeninnenwände wurden bis zum Mittelbalken, etwa in einer Höhe von 1,25 Meter, mit vier Zentimeter dicken Bohlen verschalt. Die Trennwände der Boxen bestehen ebenfalls aus vier Zentimeter dicken Bohlen und sind 1,50 Meter hoch, damit die Pferde mit den Köpfen noch darüber reichen. Die Bohlen sind in U-Schienen aus Holz befestigt.

Alle tragenden Balken innerhalb der Boxen wurden vorsichtshalber mit Holz verkleidet, damit sie nicht von den Pferden angenagt werden können.

Die Innen- und auch die Außentüren der Boxen wurden ebenfalls aus Bohlen gefertigt.

Der Paddock in seiner ursprünglich geplanten Größe.

Als Außentüren wählten wir Halbtüren, damit die Pferde, selbst wenn sie in den Boxen stehen sollten, durch den oberen Teil hinausschauen können. Wegen ihres hohen Gewichtes ließen wir für alle Türen von einem Schmied extrastarke Angeln und Bänder anfertigen. Sind die Boxenhalbtüren geöffnet, werden sie zum Paddock hin mit Ösen und Klemmen an der Wand arretiert, damit sie sicher befestigt sind und die Pferde keinen Unfug damit anstellen können. Die Boxenfenster sind von innen durch Gitter gesichert.

Lagerraum

Im Stallvorraum blieben noch etwa 16 Quadratmeter Platz. Hier haben wir ein kleines Sägemehllager, einen Lagerplatz für Kraftfutter und einen Anbindeplatz für ein Pferd. Auf dem Heuboden der Scheune findet Raufutter für drei Pferde und mindestens sechs Monate Platz.

Die Außenwände der Scheune sind mit dunkelbrauner Biofarbe gestrichen, die zehn Jahre halten soll, innen blieb alles naturbelassen und damit angenehm hell. Die Sattelkammer ist im beheizbaren Keller des angrenzenden Wohnhauses untergebracht. Der Keller hat einen eigenen Ausgang zum Garten.

Wetterfester Paddock

Das Grundstück wies ein beträchtliches Gefälle auf, deshalb mussten zuerst einige Wagenladungen Aushub herbeigeschafft werden, um das Gelände an den Stall anzugleichen. Nach dem Planieren des Aushubs kamen 30 Tonnen Grubenkies darauf, nach weiterem Planieren eine Sandauflage von einigen Zentimetern Dicke. Dieser Kies-Sand-Auslauf wurde zur Seite des Wohnhauses hin mit Brettern begrenzt, damit das Material nicht auf den Rasen hinaus getreten werden kann. Der Paddock wurde mit vier Zentimeter breitem Elektroband und Holzpfosten eingezäunt, ebenso die Wiese und der Obstgarten.

Umbau

Geplant wurde der Stall ursprünglich mit zwei Außenboxen – eine große (16 qm) für eine Mutterstute und eine kleinere (10 qm) für ein Kleinpferd – und einem gemeinsamen Paddock. Beide Pferde erkannten ihre Box an, und die Türen zum Paddock blieben von Anfang an offen. Als die Pferde nach der

Geburt des Fohlens zu dritt waren und sich so gut verstanden, dass sie immer öfter zusammen in einer Box standen, entfernten wir die Trennwand zwischen den Boxen und hatten somit einen L-förmigen Offenstall. Der Stall ist mit Sägemehl oder Hobelspänen eingestreut, was den Pferden sichtlich gut gefällt. Da sie ihre Kotplätze im Paddock aufsuchen, ist der Stall leicht sauber zu halten. Einmal pro Woche holen wir das feuchte Sägemehl heraus, die restliche Woche über ist die Oberfläche vollständig trocken.

Gepflasterter Platz vor den Ausgängen des Laufstalls.

43

Am Anfang waren in den Boxen Wassereimer angebracht. Nachdem die Boxentüren aber immer offen bleiben, haben wir einen großen Wasserbottich in den Paddock gestellt, aus dem die Pferde gerne trinken. Im Paddock wurde ein großer Strohplatz angelegt, auf dem die Pferde bei trockenem Wetter gerne schlafen.

Das Raufutter wurde anfangs in den Boxen vorgelegt, aber nachdem die Pferde sich hauptsächlich draußen aufhielten, wurde ihnen das Raufutter im Paddock auf dem Boden vorgelegt. So wandelte sich der Außenboxenstall allmählich zum Offenstall und dann zum Laufstall.

Da die Stalltüren auch im strengsten Winter geöffnet bleiben und sich die Pferde meistens draußen aufhalten, haben wir auch keine Probleme mit dem Anfressen des Holzes. Nur das Fohlen fing im ersten Winter an zu nagen, war aber nach Aufbringen von Verbissstopp-Flüssigkeit recht schnell wieder davon abzubringen.

Der Sandauslauf bewährte sich nur anfangs. Nach sintflutartigen Regenfällen wurde der gesamte Sand in die tiefer liegende Wiese geschwemmt, und mit immer wieder neu aufgebrachtem Sand erging es uns nicht anders. Da wir den Paddock aber immer weiter vergrößerten, damit die Pferde auch die Gelegenheit hatten zu galoppieren, verzichteten wir auf den Sand. Da wir sehr schweren Lehmboden haben, verwandelte sich unser schöner großer Paddock bei nasser Witterung regelmäßig in einen Schlammauslauf, bis wir auf die Idee kamen, grobe Holzhäcksel auszubringen. Jetzt haben wir einen wunderbar trittfesten Boden, auch im nassen Herbst und im Winter. Alle ein bis zwei Jahre muss eine neue Schicht aufgebracht werden, eine Methode, die sich nun seit Jahren bewährt hat. Irgendwann werden wir zwar einen Teil der Holzhäcksel abtragen müssen, doch auch nach fünf Jahren ist dies immer noch nicht notwendig.

Weide

Im Sommer ist der Weidezaun so verlegt, dass die Pferde von der Weide aus jederzeit ihren Stall aufsuchen können.

Die Portionskoppeln, die reichlich klein waren, wurden vergrößert, das heißt ihre Anzahl verringert. In der Zwischenzeit haben wir

Die Pferde haben freien Zugang zur Koppel.

nur noch eine angrenzende Koppel, die immer geöffnet bleibt. Die Pferde haben also einen großen wetterfesten Auslauf und immer Zugang zu einer Wiese, auf der sie zigmal am Tag um die Wette laufen können, was sie auch gerne ausnutzen. Im Sommer haben wir eine kleine Ersatzkoppel in der Nachbarschaft, und demnächst wird eine große Koppel mit Unterstand dazukommen. Die Pferde werden zu Hause mit geschnittenem Gras gefüttert, das auf viele Stellen verteilt auf der Wiese vorgelegt wird.

Ausbau

Nachdem noch ein weiteres Pferd hinzukommen sollte, haben wir den Laufstall vergrößert, indem wir eine Wand weiter zur Mitte rückten. Jetzt hat der Laufstall eine Fläche von 34 Quadratmetern. Das Kraftfutter befindet sich in großen Plastiktonnen, der Anbindeplatz musste vor die Scheune weichen. Da wir immer wieder starke Regenfälle haben, wurde der Boden rund um die Scheune und auch vor den Boxentüren im Paddock immer matschiger. Deshalb pflasterten wir den Bereich um die Scheune herum, auch vor den Boxentüren im Paddock. Außerdem zogen wir um zwei Seiten der Scheune ein großes Vordach, das im Winter als Carport genutzt werden kann.

So haben wir jetzt einen überdachten Standplatz für die Pferde im Freien und an der Rückseite der Scheune ein überdachtes Sägemehllager. Immer wieder sind wir am Um- und Ausbauen, um den Pferden wieder etwas mehr Platz zu verschaffen.

Besonderheiten

Die zwei Boxentüren, die zum Paddock führen, liegen eigentlich zu eng beieinander. Ranghohe Pferde können hier den rangniederen den Zutritt verwehren. Auch der L-förmige Stall ist nicht gerade ideal, wenn man fremde Pferde eingliedern möchte, denn die Pferde haben hier einfach zu wenig Platz, um einander auszuweichen.

Da wir aber in der Zwischenzeit eine gewachsene Familiengruppe haben, eine Stute mit ihren zwei Söhnen, ist dies von geringer Bedeutung. Denn in solch einer Familienherde spielen diese Einschränkungen keine Rolle, da es keine Streitigkeiten gibt und das Zusammenleben der Pferde äußerst harmonisch abläuft.

Urlaub?

Zu unserem weiteren Haushalt gehören noch sechs Katzen und zwei Hunde. Mit solch einer kleinen Ranch fährt man sicherlich seltener in Urlaub als der Normalbürger, aber wir haben es ja so gewollt. Außerdem haben wir zwischenzeitlich viele Bekannte, die in unserer Abwesenheit gerne nach den Tieren sehen. Meist sind sie selbst Pferdebesitzer, und wir helfen uns gegenseitig aus. Im Allgemeinen wird unser Häuschen während unseres Urlaubs sogar von unserer Urlaubsvertretung bewohnt.

!

Beachte:

Die Pferdehaltung am Haus bedeutet sehr viel Arbeit, aber mindestens ebenso viel Freude. Unser Stall hat 1993 den 2. Preis (Gruppe A) im LAG-Stallwettbewerb gewonnen.

Ein persönliches Resümee

Es ist eine unbeschreibliche Freude, wenn man bei fast jedem Blick aus dem Fenster die eigenen Pferde sehen kann. Mit einem einzigen Blick stellt man fest, ob alles in Ordnung ist. Wir nehmen am Leben unserer Vierbeiner in jeder Hinsicht großen Anteil, und die Pferde sind sehr menschenbezogen. Die Fohlen, die bei uns aufgewachsen sind, haben sich von Anfang an völlig normal verhalten, da auch wir ganz unkompliziert mit ihnen umgehen. Ohne ein »Imprint-Training« oder irgend ein anderes Spezialtraining haben sie großes Vertrauen zu uns und verhalten sich sehr zutraulich, aber nicht aufdringlich. Sie werden praktisch nebenbei, sozusagen bei der täglichen Stallarbeit, erzogen.

Sicherlich ist es nicht jedem möglich, seine Pferde so zu halten, und viele würden die Einschränkungen, die damit verbunden sind, nicht hinnehmen wollen. Für uns allerdings sind es keine Einschränkungen, wir empfinden dabei nur Freude, denn es ist ganz einfach – unser Leben.

Die Pferde können
sich frei bewegen.

Gut Wildschwaige

Das ehemalige Versuchsgut für Rinder- und Schweinehaltung der Universität München, Gut Wildschwaige, liegt im Erdinger Moos in der Nähe des Münchner Flughafens. Seit 1983 unterhält Hanns Ullstein jr. hier als Pächter von Gut Wildschwaige den ersten Pferdepensionsbetrieb mit Großpferden in Gruppenhaltung. Er hat jahrzehntelange Erfahrung im Umgang mit Pferden, in der Pferdehaltung und in der Reiterei. Er gilt als Pionier des Wanderreitens und gründete den ersten Trekking-Club Deutschlands.

Hanns Ullstein jr. entwickelte unter anderem verschiedene moderne Stallsysteme und neuartige Fütterungseinrichtungen, die in der Zwischenzeit vielfach in ganz Deutschland und auch in anderen Ländern Verwendung finden. Darüber hinaus ist er Gründer der LAG (Laufstall-Arbeitsgemeinschaft e. V.). Die LAG ist ein gemeinnütziger Verein, der sich besonders für die artgerechte Pferdehaltung einsetzt, Stallwettbewerbe veranstaltet und Stallplaketten verleiht. Mit vielen Vorträgen und Seminaren setzt Hanns Ullstein jr. sich für artgerechte Formen der Pferdehaltung ein und ist mit dafür verantwortlich, dass sich in den letzten Jahren die Haltungsbedingungen der Pferde vielerorts immens gebessert haben.

Bewegungsstall

Gut Wildschwaige ist ein hervorragendes Beispiel dafür, wie selbst eine große Anzahl von Pensionspferden artgerecht gehalten werden kann. Ein beträchtlicher Teil der Anlage wird von einem großen Bewegungsstall eingenommen. Damit die Pferde sich möglichst viel an der frischen Luft bewegen, liegen Fütterungs- und Ruhebereiche weit voneinander entfernt. Als Liegebereich dient ein lang gestreckter ehemaliger Rinderstall mit Stroheinstreu. Drei offene Türen ermöglichen den Tieren den ungehinderten Zutritt zur Ruhehalle beziehungsweise zum Auslauf. Diese Türen bleiben ganzjährig geöffnet, damit sich die Pferde jederzeit entscheiden können, wo sie sich aufhalten möchten. Durch den großen Abstand der Türen kommt es zu keinen größeren Rangeleien zwischen den Pferden. Auch im Sommer wird dieser Stall, bei großer Hitze und Fliegenplage, sehr gerne aufgesucht.

Das Dach schützt vor Regen und Sonne.

Auslauf

Dieser Bewegungsstall besitzt einen großen teilbefestigten Auslauf, mit idealem Grund für Barfußläufer. Alle Pferde in dieser Anlage sind, zumindest hinten, unbeschlagen, damit es bei Rangeleien zu keinen größeren Verletzungen kommen kann. Außer Naturboden finden sich Betonverbundplatten als Untergrund, verfüllte Rasengittersteine und Leerkies. Somit ist der Auslauf bei jeder erdenklichen Witterung ohne weiteres nutzbar.

Der unterschiedliche Untergrund und die viele Bewegung unterstützen ein gesundes Hufwachstum und ein hartes Hufhorn bei den Pferden.

Für die Reinigung des verschmutzten Leerkieses hat sich Hanns Ullstein jr. etwas Besonderes einfallen lassen. Die Pferdeäpfel werden von den Pferden zum Teil in den Kies eingetreten, deshalb stehen die Pferde auch bei schlimmstem Regen nie im Matsch, sondern auf den Kieselsteinen. Hat der Anteil des Mistes ungefähr 30 Prozent erreicht, wird dieses Pferdeäpfel- Kies-Gemisch zusammengeschoben und auf großen Haufen gelagert, bis sich der Mist zersetzt hat. Dies dauert etwa ein halbes Jahr, danach wird der Kies durch Sieben von dem entstandenen Humus getrennt und kann wieder in den Auslauf eingebracht werden. Der Humus kann anderweitig als wertvoller Dünger verwendet werden.

Der Auslauf ist wie ein Rundkurs angelegt, der die Pferde dazu animieren soll, viel in Bewegung zu bleiben. Im Auslauf steht ein großes Scheunendach auf Stützpfosten. Hier finden die Pferden Schutz vor Schlagregen, aber auch im Sommer stellen sie sich gerne unter das Schatten spendende Dach. Da dort immer ein leichter Luftzug herrscht, werden lästige Insekten von den Tieren fern gehalten.

Tränke

Als Tränkmöglichkeit finden ausschließlich Schwimmertränken Verwendung. Die üblichen Selbsttränken für Pferde sind eigentlich nicht gerade ideal, denn sie haben eine Ventilzunge, welche die Tiere mit ihrer empfindlichen Nase herunterdrücken müssen. Außerdem ist der Wassernachlauf bei diesen Tränken viel zu gering. Bei für Pferde geeigneten Tränken wird der Zulauf über einen Schwimmer beziehungsweise über das Gewicht des Wassers gesteuert, deshalb finden die Pferde immer eine mit Wasser gefüllte Tränke vor. Diese

Tränken, die im Freien angebracht werden, müssen natürlich mit einem Heizband vor dem Einfrieren geschützt werden. Auch die Wasserzuleitung muss mit einer Rohrbegleitheizung versehen sein, damit das Wasser bei tiefen Temperaturen nicht einfriert. Das gesamte Tränksystem wird über einen Thermostat gesteuert.

Fütterungsanlage

Das technische Herzstück ist eine computergesteuerte Fütterungsanlage. In der Rinderhaltung seit langem bekannt, findet diese Art der Fütterung immer öfter auch Eingang in die Pferdehaltung. Für jedes Pferd wird die entsprechende Tagesration in einen Computer eingegeben, der dann die Futterausgabe verwaltet. Außerhalb des Stalles stehen verschiedene Futterstände für Raufutter und Kraftfutter. Die Futterstände sind mit einer speziellen Sender/Empfängereinheit ausgerüstet. Jedes Pferd trägt an seinem Halfter das entsprechende Gegenstück. Betritt ein Pferd den Futterstand, wird es identifiziert. Der Rechner überprüft die ihm zustehende Menge Futter pro Zeiteinheit und gibt die entsprechende Futterration frei. Im Kraftfutterstand werden auf diese Art und Weise häufig kleine Mengen Körnerfutter ausgegeben. Im Raufutterstand wird dem Pferd nur eine begrenzte Zeit erlaubt, Heu zu fressen, dann wird der Heuballen mechanisch wieder entfernt.

Genug gefressen: Der Futterwagen wird zurückgefahren.

Artgerechte Ställe ohne Ende

Gut Wildschwaige ist nicht nur ein Paradebeispiel für die artgerechte Gruppenhaltung einer Pferdeherde, hier findet man nahezu alle Möglichkeiten der artgerechten Pferdehaltung optimal realisiert. Auch wenn die Gruppenhaltung für Pferde ideal ist, kommt man manchmal um die Einzelhaltung eines Pferdes nicht herum. Für diese Einzelpferdehaltung findet man bei Hanns Ullstein jr. ebenfalls einige beispielhafte Möglichkeiten der Laufstall- und Bewegungsstallarten. Diese unterschiedlichen Unterbringungsmöglichkeiten für die Pferde haben gemein, dass sie alle einen Auslauf besitzen und der Futter- und der Liegebereich prinzipiell getrennt voneinander liegen. Die Rationierung des Futters erfolgt über unterschiedliche Systeme, die individuell von einer Zeitschaltuhr gesteuert werden.

Versuchs- und Lehranlage

Gut Wildschwaige wird zwar als Pferdepensionsbetrieb geführt, hat aber den Charakter einer Versuchs- und Lehranlage. Hier finden in einem zweckmäßigen Schulungsraum zahlreiche Veranstaltungen statt, und man hat die Möglichkeit, sich viele praktische Anregungen für seine eigene Pferdehaltung zu Hause zu holen, sei es für eine Pensionspferdehaltung im großen Stil, oder auch »nur« für ein paar wenige Pferde, die am Haus gehalten werden sollen.

!

Beachte:

- Es gibt für jedes Pferd und jeden Anspruch eines Halters an die Pferdehaltung eine artgerechte Lösung.
- Für jeden Bedarf und jede Umgebung gibt es zahlreiche Möglichkeiten, wie eine artgerechte Pferdehaltung realisiert werden kann.

Pferdeparadies für Zucht- und Reitpferde

Am Rande des Westerwaldes, in Puderbach/Richert-Strunkeich, haben Christof und Irene Ritter sich einen Jugendtraum erfüllt und 1996 eine selten schöne Anlage erbaut, in der nicht nur Reitpferde, sondern auch trächtige Stuten oder Stuten mit Fohlen ein wunderschönes Zuhause finden, in dem sie sich wohl fühlen können.

Am Ortsende von Strunkeich entstanden ein Wohnhaus und mehrere Stallungen für die eigenen Pferde sowie für Pensionspferde. Vom Haus aus fällt der Blick auf die Ausläufe der verschiedenen Stallungen, für die ein ehemaliger Bullenmaststall und eine Scheune um- und ausgebaut wurden. Insgesamt befindet sich die gesamte Anlage auf einer Fläche von 4,05 Hektar, wovon 3,4 Hektar Grünland sind. Davon werden im Moment 2,54 Hektar beweidet. Die Stall- bzw. Hofflächen erreichen eine Größe von etwa 5700 Quadratmetern.

Hauptstall

Der Hauptstall, ein ehemaliger Bullenmaststall, wurde mit viel Überlegung und noch mehr Arbeitseinsatz umgebaut, um Platz für diverse Laufställe zu schaffen. Im Wesentlichen beherbergt dieser Stall drei Laufställe, in denen jeweils zwei oder drei Pferde Platz finden. Der Ruhebereich ist strikt vom Futterbereich getrennt, die Fütterung erfolgt prinzipiell über Futterstände. Im Freien ist pro Auslauf eine beheizbare Tränke installiert, die ebenso wie die separat liegenden Futterstände die

Vorbildliche Futterstände.

Pferde zu mehr Bewegung anregt. Darüber hinaus gibt es auch eine Unterbringungsmöglichkeit für eine Mutterstute mit Fohlen.

Im Hauptstall gibt es außerdem noch einen Waschraum, der mittels Thermostatheizung beheizt werden kann, sowie ein Solarium und natürlich die Sattelkammer, die auch als Aufenthaltsraum dient. Die Futterkammer ist mit einer kleinen Mühle ausgestattet, um bei Bedarf das Getreide frisch verarbeiten zu können.

Auffällig ist, dass besonderer Wert auf Helligkeit gelegt wurde. Die Futterstände sind mit lichtdurchlässigen Platten gedeckt, damit die Pferde gerne in sie hineingehen. Auch der Firstbereich ist lichtdurchlässig ausgestattet, und in der dunkleren Tages- und Jahreszeit kann der Stallbereich mit zahlreichen Leuchtstoffröhren erhellt werden. Da die Eingänge zu den Ruheräumen der Pferde mit durchsichtigen Kunststoffvorhängen ausgestattet sind, ist es nicht untertrieben, von einem lichtdurchfluteten Stall zu sprechen.

Die Breite der Führgassen im Stall und im Freien ist sehr großzügig bemessen. Die Pferde gelangen entweder durch breite Boxentüren in die großzügige Stallgasse und werden von dort nach draußen geführt, oder sie gelangen durch ein zu öffnendes Tor im Auslauf hinaus, das ebenfalls in eine breite Führgasse mündet.

Hauptgebäude mit drei Laufställen.

Stall im Nebengebäude

Für weitere Stallungen wurde eine Scheune zum Pferdestall ausgebaut und dient der Unterbringung zweier Pferdegruppen von jeweils bis zu vier Pferden. Der Ruhebereich besitzt einen verdichteten Lehmboden, die Wände sind sehr hoch mit dicken Holzbohlen verschalt, und durch in die Wände eingebaute Glasbausteine fällt ausreichend Licht. Die Seitenwände reichen nicht ganz bis zur Decke, was zusammen mit der Deckenhöhe ein luftiges Raumklima garantiert. Eine ausreichende Frischluftzufuhr ist also gewährleistet.

Die Fütterung erfolgt auch hier in vom Ruheraum entfernt liegenden Futterständen, die Wasserversorgung über die im Freien angebrachten, frostsicheren Tränken, die sich optisch hervorragend in die gesamte Anlage eingliedern.

Befestigung

Die Befestigung vor den Stallungen erfolgte durch Verbundsteine. In den Ausläufen wurde der zuerst aufgebrachte Basaltsplitt durch schwarzen Lavasand ersetzt, der Abrieb der Pferdehufe hat sich dadurch stark vermindert.

Die Gestaltung beziehungsweise der Bodenbelag der Anlage, ist für Barhufgeher sehr geeignet und sorgt für gesunde Hufe mit einem harten und belastbaren Hufhorn.

Grundriss des Hauptstalls.

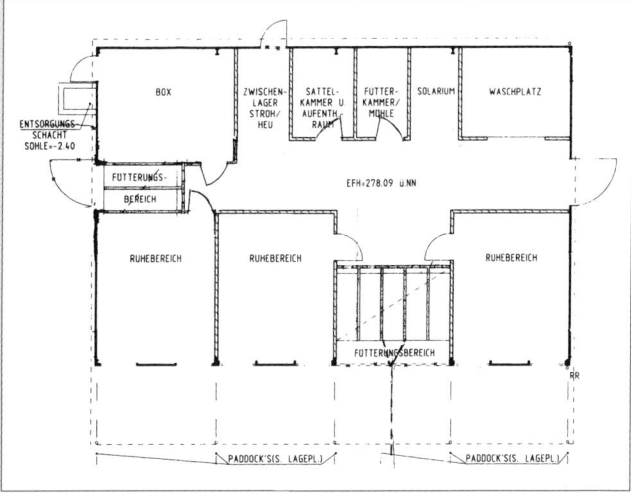

Reitmöglichkeiten

Longierplatz: etwa 15 Meter Durchmesser.

Reitplatz 20 × 40 Meter.

Eine Reithalle ist in Planung.

Einstreu

Im Allgemeinen wird mit Stroh eingestreut, zum Teil, oder auf Wunsch, auch mit Sägespänen beziehungsweise mit Sägemehl und Stroh.

Ausmisten

Zweimal am Tag werden die Stallungen sorgfältig mit dem Stallboy ausgemistet, auch die Koppeln werden regelmäßig abgesammelt. Der Stall ist jederzeit in einem sauberen Zustand.

Wasch- und Pflegeplatz

Im Hauptstall wie auch im Freien befindet sich ein Wasch- und Pflegeplatz, der über einen Wasseranschluss und einen Ablauf verfügt. Der Waschplatz im Hauptstall kann beheizt werden, deshalb ist er ohne Einschränkung auch den Winter über nutzbar.

Zäune

Die Ausläufe um die Ställe sind alle mit weißen Kunststoffzäunen arrondiert, die Koppeln wurden mit Elektrobreitband umzäunt. Die Einzäunung ist nicht nur pferdesicher, sondern sieht auch noch hübsch aus.

Fütterung

Kraftfutter

Als Kraftfutter finden hauptsächlich Hafer und Gerste Verwendung. Selbstverständlich wird auch Mineralfutter verabreicht, ferner Salz und bei Bedarf spezielles Aufzuchtfutter.

Heu

Das Heu wird in einer umgebauten Scheune über den Pferdeställen gelagert. Je nach Anzahl der eingestellten Pferde wird es vom eigenen Grünland eingebracht und mit Salz eingelagert, was für eine hervorragende Heuqualität sorgt.

Im Nebengebäude ist Platz für zwei Pferdegruppen.

Ausreitmöglichkeit

Über mangelnde Ausreitmöglichkeiten können sich hier sicherlich weder Mensch noch Pferd beschweren. Longierzirkel und Reitplatz bieten genügend Platz, um die Pferde zu gymnastizieren. Die meisten Pferdebesitzer werden sich allerdings nicht davon abhalten lassen, Ausritte in die wunderschöne, idyllische Landschaft des Westerwaldes zu unternehmen.

Besonderes

Tragende Stuten oder auch Stuten mit Fohlen können per Video überwacht werden.

Eine persönliche Empfehlung

Dies ist ein Stall für Pferdebesitzer, die ihr Pferd artgerecht halten wollen, sich aber scheuen, es in einer großen Pferdegruppe zu halten. Sie haben hier die Möglichkeit, ihr Pferd in einer Kleingruppe artgerecht unterzubringen. Auch Pferdebesitzer, die mehrere Pferde unterstellen möchten, sind hier gut bedient, denn die eigenen Pferde, die sich ja meist schon kennen, können in diesem Pensionsstall problemlos als Gruppe gehalten werden.

Ideal ist der Stall sicherlich auch für Reiter, die während der Woche wenig Zeit haben und ihr Pferd gut versorgt wissen wollen. Da das Pferd bei dieser Haltungsart während der Woche genügend Bewegung hat, können sie am Wochenende einen gemütlichen Ausritt unternehmen, ohne dass das Pferd verrückt spielt.

Besonders hervorheben möchte ich die außergewöhnlich große Pferdeliebe der Stallbesitzer, die die Pensionspferde ebenso liebevoll umsorgen wie ihre eigenen Pferde.

Alles in allem ist dies ein kleiner, wunderschön gestalteter Pensionsstall, in dem alle Pferde »Familienanschluss« haben. Die Zuwendung und Pflege, die die Pferde hier genießen, wären in einem großen Pensionsstall einfach nicht möglich.

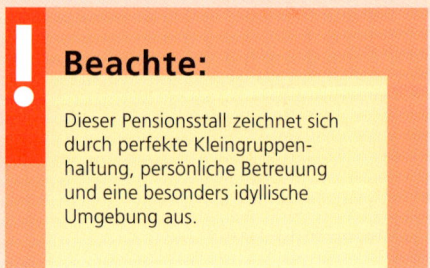

Beachte:

Dieser Pensionsstall zeichnet sich durch perfekte Kleingruppenhaltung, persönliche Betreuung und eine besonders idyllische Umgebung aus.

Wir informieren Sie gern kostenlos und
unverbindlich über unser Verlagsprogramm.

☒ *Bitte kreuzen Sie Ihre Interessengebiete an:*

☐ Garten und
Zimmerpflanzen

☐ Wandern, Alpinismus,
Abenteuer

☐ Wohnen und
Gestalten

☐ Tauchen

☐ Natur

☐ Sport und Fitness

☐ Heimtiere

☐ Essen und Trinken

☐ Angeln / Jagd

☐ Gesundheit und
Wohlbefinden

☐ Pferde und
Reiten

☐ Landwirtschaftliche
Fachbücher

Name, Vorname

Straße, Nr.

PLZ, Ort

Beruf

(   )

Telefon

99001

Werbeantwort

BLV
Verlagsgesellschaft mbH
Postfach 40 03 20

D-80703 München

Bitte
ausreichend
frankieren!

Liebe Leserin, lieber Leser,

wir freuen uns, dass Sie eines unserer Bücher besitzen. Ihre Meinung darüber ist für unsere Verlagsarbeit sehr wichtig. Bitte schreiben Sie uns, wie es Ihnen gefällt. Vielen Dank für Ihre Mithilfe!

■ *Autor und Titel des BLV Buches, dem Sie diese Karte entnommen haben:*

Autor _____ Titel _____

■ *Wie sind Sie auf dieses Buch aufmerksam geworden?*

☐ Zeitschrift. Titel: _____

☐ Buchhandel ☐ Warenhaus ☐ Versandhandel ☐ geschenkt bekommen

■ *Wie gefällt Ihnen dieses Buch? Wie beurteilen Sie folgende Punkte?*

Inhalt (Text/Abbildungen): ☐ sehr gut ☐ gut ☐ gar nicht

Preis-/Leistungsverhältnis: ☐ sehr gut ☐ weniger ☐ zu teuer

■ *Ihre Meinung über dieses Buch:*

_____

_____

_____

_____

_____

Die Titel des BLV Programms erhalten Sie überall, wo es Bücher gibt. Wünschen Sie weitere Informationen, beachten Sie bitte die Rückseite dieser Postkarte.

Mit freundlichen Grüßen

Ihre
BLV Verlagsgesellschaft mbH

blv

Hengsthaltung

Planung

Der Bau des Wohn- und Geschäftshauses von Gaby und Winfried Jacob wurde von Anfang an auf die Bedürfnisse ihrer Pferde ausgerichtet. Es wurden große, helle und luftige Außenboxen geschaffen, die sich im Anbau des Wohnhauses befinden. Die großzügige Stallanlage kann sowohl vom Hof aus als auch über das Untergeschoss des Wohnhauses erreicht werden.

Die Außenboxen mit Paddock.

Außenboxen mit Paddock

Vor den Außenboxen wurden einzelne Paddocks angelegt, die – nach mehreren Änderungen – heute mit Eisenstangen eingezäunt sind. Daran schließt sich ein größerer Paddock an, der auf eine große Weide mündet, die wechselnd benutzt wird. Der Boden vor den Außenboxen wurde mit H-Steinen befestigt, die anschließenden Paddocks weisen einen Belag aus Sand auf. Die angrenzende Weide wurde mit einem Elektrozaun gesichert. Der gesamte Stall- und Paddockbereich ist per Videokamera überwacht.

Außenanlagen

Man kann sowohl vom Balkon, vom Wintergarten als auch vom Garten aus immer einen Blick auf die Pferde werfen und nachsehen, ob alles in Ordnung ist.

Auch der weitere Bereich wurde sehr zweckmäßig angelegt. Es entstand ein für die private Nutzung ausreichend großer Reitplatz. Dieser wurde rundum bepflanzt, um die Nachbarn vor aufliegendem Staub zu schützen. Der Reitplatz wurde klassisch mit Tret-, Trenn- und Tragschicht angelegt und lässt sich durch die eingebaute Drainage auch nach langen Regenfällen sehr schnell wieder nutzen. Sogar an einen überdachten Hängerplatz wurde gedacht und natürlich an ausreichend Platz für die Lagerung von Heu und Stroh.

Der Mist vom eigens dafür angelegten Mistplatz wird einmal im Jahr von einem Bauern abgefahren.

Fütterung

Die Fütterung der Pferde gestaltet sich äußerst abwechslungsreich. Als Raufutter wird bestes Heu und Stroh gereicht, das Stroh dient gleichzeitig als Einstreu. Kraftfutter wird je nach Leistung, aber in kleineren Mengen gefüttert, dafür ist es umso abwechslungsreicher: Die Pferde bekommen haferfreies Mischfutter, Mais, Gersten- und Weizencobs, Mineralbrikets sowie Möhren.

Nutzung

Im Moment befinden sich drei Araberhengste und ein Araberwallach im Besitz der Jacobs. Eigentlich wäre eine Gruppenhaltung dieser Pferde besser, lässt sich aber in der Praxis nicht durchführen, weil der Araberwallach

Massive Holzboxen und eine breite Stallgasse.

seit vielen Jahren Ekzemer ist und im Sommerhalbjahr seine Außenbox tagsüber nur verlässt, um ein paar Schritte in seinem Paddock umherzulaufen. Über Nacht hat er dann freien Zugang zur Koppel. Der älteste der Araberhengste ist sehr temperamentvoll, hat aber seit Jahren immer wieder Sehnenverletzungen, weshalb er vom Tierarzt die meiste Zeit Koppelverbot bekommt. Auch er hält sich überwiegend in seinem Paddock auf. Der jüngste Araberhengst ist ein absoluter Ausbrecherkönig und kann nur unter Aufsicht auf die Koppel entlassen werden, da er Riegel aufmacht und unter und zwischen den Zäunen durchschlüpft. Der dritte Araberhengst sucht die Nähe seiner Artgenossen und hält sich deshalb auch am liebsten in seinem Paddock auf.

Ein verletztes Pferd muss selten in der Box gehalten werden.

Ein gelungener Kompromiss

Mit einem kleinen Hof-Trak kann nicht nur der Reitplatz abgezogen werden, sondern auch das Gras auf der Koppel gemäht und im Stall gefüttert werden.

Auch wenn diese wunderschöne Anlage nicht wie ursprünglich gedacht genutzt werden kann, wäre zu wünschen, dass auch andere Hengste so freizügig gehalten würden. Hier finden sich keine Gitterboxen, stattdessen haben die Pferde Kontakt zum Nachbarn, Licht, Luft und genügend Auslauf, was gerade bei der Hengsthaltung leider immer noch nicht zum Standard gehört.

! Beachte:

Auch Hengste lassen sich artgerecht halten. Wählen Sie deshalb immer den für das Pferd besten Weg, auch wenn es ein Kompromiss sein sollte.

Auf einen Blick

Checkliste für eine artgerechte Pferdehaltung

Fütterung
Ja/Nein

- Raufutterfressplatz: Kann das Pferd dort in einer natürlichen Haltung fressen? Die natürliche Haltung ist vorwärts-abwärts mit einem Ausfallschritt. ☐ ☐
- Kraftfutterfressplatz: Befindet sich der Krippenboden höchstens auf einem Drittel der Widerristhöhe des Pferdes? ☐ ☐
- Kann jedes Pferd einzeln und ungestört fressen? ☐ ☐
- Ist die Tränke für die Pferde frei zugänglich? ☐ ☐
- Hat das Tränkebecken einen hohen Wasserstand? ☐ ☐
- Erfüllt die Fütterung uneingeschränkt folgende Bedingungen:
- Werden die Pferde regelmäßig zu bestimmten Zeiten gefüttert? ☐ ☐
- Wird genügend Raufutteranteil gegeben? Man rechnet pro 100 kg Körpergewicht mindestens 1 kg Raufutter. ☐ ☐
- Wird regelmäßig Mineralfutter gereicht?– ☐ ☐

Räumliche Bedingungen
Ja/Nein

- Ist genügend Liegefläche pro Pferd vorhanden? ☐ ☐
- Ist die Liegefläche absolut sauber, das heißt trocken, frei von Verunreinigungen wie Kot, Schimmel, Staub? ☐ ☐
- Ist die Frischluftzufuhr im Stall optimal? ☐ ☐
- Ist die Stalluft nicht deutlich schlechter als die Frischluft? ☐ ☐
- Ist der technische Zustand der Stalleinrichtungen einwandfrei? ☐ ☐
- Ist der Stall frei von Engpässen und spitzen Winkeln? ☐ ☐
- Sind Liege-, Fress- und Tränkebereich räumlich voneinander getrennt? ☐ ☐
- Haben die Pferde die Möglichkeit, nach Belieben zwischen Stall und Freigelände hin- und herzugehen? ☐ ☐
- Ist der Auslauf für die Pferde immer frei zugänglich? ☐ ☐
- Ist die Auslauffläche wenigstens im an den Stall angrenzenden Bereich so gestaltet, dass sie auch bei nasser Witterung trittfest bleibt? ☐ ☐

Sonstiges
Ja/Nein

- Werden regelmäßige Impfungen und Wurmkuren durchgeführt? ☐ ☐

Die Deutsche Bibliothek –
CIP-Einheitsaufnahme

Ein Titeldatensatz für diese Publikation ist bei Der Deutschen Bibliothek erhältlich

Bildnachweis
Silvia C. Hofmann: Seiten 6 unten, 7 oben, 8, 15, 16, 21, 22, 23, 24, 27, 28, 34,
40, 41, 42, 45, 48, 49, 51, 53, 54, 57, 59, 60, 61, 63
Eternit AG: Seite 6 oben
Lothar Lenz: Seiten 7 unten, 12, 13, 20, 38
Erwin Escher: Seiten 1, 2/3, 9, 30
Silvia Strauch: Seiten 10, 11, 17, 18, 26, 31, 35, 43, 47
Maximilian Schreiner: Seite 32
Umschlagfotos: Titelfotos: rechts oben: Lothar Lenz
                          Mitte oben: Erwin Escher
                          links oben: Maximilian Schreiner
                          unten: Erwin Escher
               Rückseite: rechts: Erwin Escher
                          Mitte: Silvia C. Hofmann
                          links: Silvia C. Hofmann

Umschlaggestaltung: Studio Schübel, München
Layout: Parzhuber & Partner, München
Redaktion: Renate Hausdorf
Satz und Herstellung: Renate Hausdorf
Lektorat: Claudia Daiber

BLV Verlagsgesellschaft mbH München Wien Zürich
80797 München

© 2000 BLV Verlagsgesellschaft mbH, München

Gesamtherstellung: Appl, Wemding

Printed in Germany · ISBN 3-405-15885-0